新疆各民族平等权利的保障

（2021 年 7 月）

中华人民共和国
国务院新闻办公室

人民出版社

目　　录

前　言

人人充分享有人权,是人类社会的伟大梦想,也是包括新疆各族人民在内的全体中国人民长期追求、不懈奋斗的共同目标。

新疆自古以来就是多民族聚居地区,新疆各民族是中华民族大家庭血脉相连的家庭成员。公元前 60 年,西汉王朝中央政权设置西域都护府,新疆地区正式纳入中国版图,成为中国统一的多民族国家不可分割的组成部分。

新中国成立前,新疆各族人民历经磨难,深受帝国主义侵略势力、封建剥削阶级和宗教特权阶层的压迫,社会地位极其低下,无法享有基本人权。

1949 年,中国共产党领导各族人民推翻了帝国主义、封建主义和官僚资本主义的统治,建立了中华人民共和国。新疆各族人民同全国人民一道翻身解放,共同当家做了主人。

新中国把坚持民族平等、民族团结和各民族共同繁荣发展作为解决民族问题和处理民族关系的基本原则,并确立在少数民族聚居地区实施民族区域自治制度。截至1954年,新疆成立了5个自治州、6个自治县。1955年,新疆维吾尔自治区成立。各自治地方的建立,有力保障了新疆各族人民当家作主的民主权利,开启了各民族平等团结互助和谐的社会主义民族关系新纪元,新疆经济社会发展进入新的历史时期,各族人民的人权保障水平不断提升。

70多年来,中国共产党和中国政府始终坚持"以人民为中心"的人权理念,始终把生存权、发展权作为首要的基本人权,把人权的普遍性原则与中国实际相结合,不断丰富和发展治疆方略,坚持依法治疆、团结稳疆、文化润疆、富民兴疆、长期建疆,坚持以保障和改善民生为重点,大力发展各项事业,共享改革发展成果,切实保障各族人民平等参与、平等发展权利,新疆人权事业不断得到新的发展和进步。

一、公民权利的保障

　　中华人民共和国各民族一律平等。公民不分民族、性别、职业、教育程度、宗教信仰,都平等地享有宪法和法律规定的公民权利。

　　有效保障生命权。生命权是人的固有权利,不得任意剥夺。一段时间里,受国际形势变化和恐怖主义、极端主义全球蔓延影响,境内外"东突"势力相互勾连,打着民族、宗教幌子,利用群众朴素的民族、宗教感情,大肆散布宗教极端思想,煽动民族仇恨和民族歧视,鼓吹暴力,策划实施了数千起暴力恐怖案(事)件,造成大量无辜群众被害,数百名人民警察殉职,严重危害了新疆各族群众生命安全,践踏了人类尊严。面对严峻复杂的反恐形势和各族群众打击暴恐的迫切要求,新疆依据《中华人民共和国宪法》及《中华人民共和国刑法》《中华人民共和国刑事诉讼法》《中华人民共和国国家安全法》《中华人民共和国反恐怖主义法》等法律,并结合本地区实际,出台了《新疆维吾尔自治区实施〈中华人民共和国反恐怖主义法〉办法》《新疆维吾尔自治区去极端化条例》等地方性法规,对一切侵犯公民人权、危害公共安全的暴力恐怖活动,利用极端主义破坏法律实施的违法犯罪活动,依法进行严厉打击。重视源头治理,通过设立职业技能教育培训中心等方式,开展预防性反恐,最大限度保障公民基本人权免遭恐怖主义和极端主义侵害。2016年底以来,新疆已连续四年多未发生暴力恐怖案(事)件,极端主义渗透得到有效遏制,各族群众生命权得到充分保障。

尊重保护自由权。自由权是公民在法律范围内,按照自己意愿进行活动的权利,不容侵犯。一个时期,宗教极端势力鼓吹把一切不遵循极端做法的人都视为"异教徒",将宗教极端思想渗透到公民日常生活中,假借宗教名义,煽动、胁迫妇女穿戴蒙面罩袍、男人留大胡须;蛊惑群众不看电视、不听广播、不读报纸、葬礼不哭、婚礼不笑,禁止人们唱歌、跳舞;大搞"清真"概念泛化,借不"清真"之名排斥、干预人们正常生活,侵害公民生活方式的选择权。为有效防止侵犯公民自由权利现象的发生,新疆依据宪法和法律法规,采取果断措施,依法严厉打击极端主义,积极开展法治宣传和帮扶教育,切实维护公民人身自由权利。无论哪个民族,无论什么信仰,只要在法律允许范围内,公民都可以根据自己的意愿自由行动、自主择业、自在生活,去什么地方、做什么工作、过什么样的生活都不受他人干涉和限制。同时,新疆积极办好广播、电视、报纸、杂志,大力开展互联网基础设施建设,搭建各种网络平台,公民表达渠道更加通畅,表达方式更加多样,表达诉求更加便捷。

切实维护公正审判权。公正是法治的生命线。新疆司法机关牢牢把握社会公平正义这一法治价值追求,推进以审判为中心的诉讼制度改革,从侦查、起诉、审判、执行等各环节充分保障公民获得公正审判的权利,努力让各族群众在每一个司法案件中都感受到公平正义。坚持诉服为民,建成旅游巡回法庭 74 个,打造"枫桥式法庭"103 个,设立法官工作室、便民服务站、巡回审判点等 1645 个。平均审理周期缩短 21.6 天,一审服判息诉率达 90.79% 以上。2020 年,新疆各级法院共受理各类案件 60.49 万件,审结 58.74 万件,结案率 97.11%。积极运用移动微法院、云间庭审、智慧执行等科技手段,开展网上立案、跨域立案、远程开庭、线上调解,群众足不出户就能打官司。不断完善司法救助制度,保障困难群众获得诉讼救济权利。办结国家赔偿与司法救助案件 545 件,为生活困难群众缓、减、免诉讼费用共计 2606.11 万元。建立司法公开平台,及时发布案件审理、执行信息,充分保障公民司法知情权。积极开展刑事案件律师辩护全覆盖工作。依法保障犯罪嫌疑人、被告人的辩护权。

二、政治权利的保障

在新疆,各民族不论人口多少、历史长短、发展水平高低、风俗习惯差异等,都具有平等的地位,共同参与国家事务、管理地方事务、行使基层民主权利。

贯彻落实民族区域自治制度。民族区域自治制度是中国的一项基本政治制度,是在国家统一领导下,各少数民族聚居地方实行区域自治,设立自治机关,依法行使自治权的制度。民族区域自治不是某个民族独享的自治,民族自治地方更不是某个民族独有的地方。新疆贯彻落实民族区域自治制度,成立了巴音郭楞蒙古自治州、博尔塔拉蒙古自治州、克孜勒苏柯尔克孜自治州、昌吉回族自治州、伊犁哈萨克自治州、焉耆回族自治县、察布查尔锡伯自治县、木垒哈萨克自治县、和布克赛尔蒙古自治县、塔什库尔干塔吉克自治县、巴里坤哈萨克自治县。各自治地方充分行使自治权利,自主管理地方事务,平等参与管理国家事务。自治区立法机关根据宪法和法律,既享有普通省级行政区地方立法权,又享有根据本区域实际制定自治条例、单行条例的立法权。1979年以来,自治区人大及其常委会共制定地方性法规669件,现行有效161件;作出法规性决议决定和重大事项决议决定54件;批准设区的市、自治州、自治县单行条例和地方性法规239件。

有效行使选举权和被选举权。依照宪法法律规定,各民族公民平等享有选举权和被选举权。选举坚持实行普遍、平等、直接选举和间接选举相结合,以及差额选举的原则。各民族公民直接选举县(市、区)、乡(镇)人民代表大会代表,在此基础上逐级选出州(市)、自治区和全国人民代表大会代表。新疆维吾尔自治区选举产生第十三届全国人民代表大会代表61名,其中少数民族代表38名,占62.3%。全国人民代表大会常务委员会组成人员中有新疆少数民族代表。新疆维吾尔自治区第十三届人民代表大会共有代表548名,其中少数民族代表353名,占64.42%。新疆现有州(市)人大代表2488名,其中少数民族代表1349名,占54.22%;县(市、区)级人大代表16960名,其中少数民族代表10025名,占59.11%;乡(镇)人大代表43204名,其中少数民族代表31739名,占73.46%。

充分实现参政议政权。新疆是中国唯一设有三级自治地方(自治区、自治州、自治县)的自治区。自治地方各级人民代表大会和人民政府行使管理本地区事务的权力。自治区主席、自治州州长、自治县县长均由实行区域自治的民族的公民担任。在协商民主的制度框架内，新疆各级政协积极吸收各族各界人士参政议政，及时、准确、有效地反映社情民意，切实保障各族群众参与共同协商和民主监督。第十三届全国政协委员中，住新疆的有 34 名，其中少数民族委员 18 名，占 52.9%。新疆维吾尔自治区第十二届政协有委员 502 名，其中少数民族委员 236 名，占 47%。截至 2021 年 3 月，新疆维吾尔自治区第十二届政协共提交提案 2588 件，涉及政治、经济、文化、教育、科技、民生等领域。

依法推进基层群众自治。基层群众自治是基层民主主要实现形式，是人民当家作主最有效、最广泛的途径。《新疆维吾尔自治区实施〈中华人民共和国城市居民委员会组织法〉办法》《新疆维吾尔自治区实施〈中华人民共和国村民委员会组织法〉办法》《新疆维吾尔自治区村民委员会选举办法》《新疆维吾尔自治区村务公开办法》等地方性法规的制定实施，为基层民主权利的实现提供了法治保障。目前，新疆在城市和农村分别设立居民委员会 3389 个、村民委员会 8906 个，负责办理本居住区居（村）民的公共事务或公益事业，调解民间纠纷，协助维护社会治安，向人民政府或者其他派出机关反映居（村）民的意见、要求和提出建议等。全疆城乡基层普遍制定了市民公约、村规民约，基层自治组织自我管理、自我教育、自我服务、自我监督水平不断提高。

三、经济权利的保障

新疆坚持"以人民为中心"的发展思想,经济社会快速发展,民生建设和投入力度持续加大,各民族拥有平等的发展机会,共同开发建设,共享幸福生活,经济权利得到有效保障。

平等享有经济发展权。发展权是一项不可剥夺的人权,是实现各项人权的必要条件。新中国成立以来,新疆各族人民团结奋斗、开拓进取,实现了从百废待兴到百业兴旺、从绝对贫困到全面小康的历史性巨变,农牧业现代化发展强劲,工业信息化、数字化、智能化加速融合发展,服务业在经济增长中的地位和作用日益突出。各族人民平等参与、平等发展,朝着共同富裕的目标稳步前进。1955 年至2020 年,新疆地区生产总值由 12.31 亿元增长至 13797.58 亿元,人均地区生产总值由 241 元增至 53593 元,按不变价格计算,分别增长 160.3 倍和 30.3 倍。1978 年至 2020 年,城镇居民人均可支配收入从 319 元增加到 34838 元,农村居民人均可支配收入从 119 元增加到 14056 元,分别名义增长 108.2 倍和 116.9 倍。

历史性解决绝对贫困问题。贫困是困扰人类社会发展的重大难题,消除贫困是当代最为艰巨的全球性人权事业。很长一段时间,受历史和自然等因素影响,新疆发展相对滞后,贫困人口较多,特别是南疆四地州(和田地区、喀什地区、阿克苏地区和克孜勒苏柯尔克孜自治州),生态环境恶劣、经济基础薄弱、就业承载能力严重不足,是国家确定的深度贫困地区,是中国脱贫攻坚的"难中之难"。在中央政府和对口援疆省市的大力支持下,新疆采取产业扶贫、就业扶贫、教育扶贫、健康扶贫、农村危房改造扶贫、易地扶贫搬迁等一系列有力举措,减贫脱贫成效显著。截至 2020 年底,现行标准下新疆 273 万农村贫困人口全部脱贫,3666 个贫困村全部退出,32 个贫困县全部摘帽。贫困地区农村居民收入保持快速增长,消费水平大幅提高。2020 年新疆贫困地区农村居民人均可支配收入 13052 元,比 2012 年年均增长 10.8%;人均消费支出 9007 元,比 2013 年年均增长 9.0%。贫困人口生存权和发展权得到切实保障。

持续提升基本生活水准。基本生活水准权利关系人的尊严。新疆每年把一般公共预算支出的 70% 以上用于保障和改善民生,持续推进一系列惠民工程,各族群众生活质量显著改善,吃、穿、住、行发生翻天覆地变化,基本生活水准实现历史性跨越。食品从匮乏到充足,衣着从穿暖到穿美,耐用消费品从无到有并不断升级换代,消费能力和水平大幅提高。仅"十三五"期间,累计建成农村安居工程 120.65 万户,开工建设城镇保障性住房 131.38 万套,惠及千万群众。所有行政村实现了通硬化路、通客车、通动力电、通宽带。高速公路、高速铁路从无到有,实现所有地州市高速公路全覆盖。22 个民用运输机场建成通航,新疆成为全国民用机场最多的省区。现代化交通、通讯工具普遍进入城乡家庭,快递服务"村村通"加速推进。

切实保障劳动权。劳动是人的存在方式,人人有权劳动,创造美好生活。新疆坚持把促进劳动就业作为最大的民生工程,把劳动者自主就业、市场调节就业、政府促进就业和鼓励创业相结合,大力实施就业优先战略和积极的就业政策。不断加大就业培训力度,通过发展高等职业技术学院、中等专业技术学校、技工院校、就业培训中心、企业职工培训中心、职业技能教育培训中心等职业教育和培训机构,积极开展劳动素质和技能培训,着力提升劳动者就业能力。加大对深度贫困地区及高校毕业生、城乡富余劳动力、贫困家庭劳动力、就业困难人员、农村妇女等劳动就业重点人群扶持力度。对就业困难人员和零就业家庭实行实名动态管理和分类精准帮扶,实现每户至少一人就业。充分尊重劳动者就业意愿,为各族群众就地就近就业、有序进城就业和自主创业创造条件,基本实现有劳动能力的人口全就业。2014 年至 2020 年,新疆劳动就业总人数从 1135.24 万人增加到 1356 万人,增长 19.4%;年均新增城镇就业 47 万人以上,其中,南疆地区 14.9 万人,占比 31.72%;年均农村富余劳动力转移就业 281.82 万人次以上,其中,南疆地区 173.14 万人次,占比 61.44%。在大力促进就业的同时,新疆严格依法保障劳动者平等就业、获得报酬、参加社会保险、休息休假和职业安全等合法权益,建立维护劳动者权益的监察制度体系,积极受理劳动者涉及拖欠工资、未签订劳动合同、侵害职工权益等方面的举报、投诉。司法机关、人力资源和社会保障部门、工会组织密切配合,积极预防和查处侵犯劳动权益的案件,劳动权益保护水平不断提升。

四、文化权利的保障

　　新疆高度重视各民族优秀传统文化的挖掘、传承和保护，不断提升公共文化服务水平，大力推广使用国家通用语言文字，鼓励各民族相互学习语言文字，切实保障公民受教育权。

　　传承保护各民族优秀传统文化。中国各族人民共同创造了光辉灿烂的中华文化，各民族文化是中华文化不可分割的一部分。《中华人民共和国文物保护法》《中华人民共和国非物质文化遗产法》等法律，以及《新疆维吾尔自治区实施〈中华人民共和国文物保护法〉办法》《新疆维吾尔自治区非物质文化遗产保护条例》等地方性法规的出台，为保护新疆各民族文化提供了坚实的法治保障。文化遗产得到有效保护，高昌故城、交河故城、北庭故城遗址、克孜尔石窟、克孜尔尕哈烽燧、苏巴什佛寺遗址列入世界文化遗产"丝绸之路：长安—天山廊道的路网"。新疆维吾尔木卡姆艺术、柯尔克孜史诗《玛纳斯》列入联合国教科文组织"人类非物质文化遗产代表作名录"，维吾尔族麦西热甫列入联合国教科文组织"急需保护的非物质文化遗产名录",各民族均有代表性非遗项目列入国家级和自治区级非遗名录,现有全国重点文物保护单位133处。各民族优秀文化传统得到传承发展,汉族的"元宵灯会"、维吾尔族的"麦西热甫"、哈萨克族的"阿依特斯"、柯尔克孜族的"库姆孜弹唱会"、蒙古族的"那达慕大会"、回族的"花儿会"等民俗活动广泛开展。各民族传统体育得到长足发展,各地举办不同形式的运动会,在传统节日还进行摔跤、赛马、射箭、叼羊、达瓦孜等具有民族特色的传统体育比赛和表演,各族群众共同参与、同场竞技、互学共乐。实施新疆民族文学原创和民汉互译作品工程,各民族文化交往交流交融不断加深。

有效保护语言文字多样性。根据《中华人民共和国宪法》《中华人民共和国民族区域自治法》《中华人民共和国国家通用语言文字法》,国家推广全国通用的普通话,公民有学习和使用国家通用语言文字的权利,国家为公民学习使用国家通用语言文字提供条件,各民族都有使用和发展自己的语言文字的自由。新疆大力推广普及国家通用语言文字,提倡和鼓励各民族相互学习语言文字,不断促进各民族语言相通、心灵相通。目前,新疆各民族使用10余种语言和文字,少数民族语言文字在司法、行政、教育、新闻出版、广播电视、文学艺术、社会公共事务等领域得到广泛使用。中小学开设了少数民族语言文字课程。各民族公民有权使用本民族语言文字进行选举或诉讼。新疆本级和各自治州、自治县机关执行公务时,同时使用国家通用语言文字、实行区域自治的民族的语言文字。使用国家通用语言文字和维吾尔、哈萨克、柯尔克孜、蒙古、锡伯6种语言文字出版报纸、图书、音像制品和电子出版物。出版报纸100余种、期刊200余种,其中少数民族文字报纸52种、期刊120种。新疆广播电视台有4种语言电视节目、5种语言广播节目,《新疆日报》用4种文字出版,天山网等各级各类门户网站用多种语言文字传播。在商业门店、邮政电信、医疗服务、交通标识等社会公共领域随处可见多语种、多文种的便利化服务。

全面保障受教育权。受教育权是公民所享有并由国家保障实现的基本权利。在中央政府支持下,新疆采取各种措施大力发展教育事业,不断促进教育发展成果更多更公平惠及各族群众。2020年,新疆学前教育毛入园率达到98.19%,九年义务教育巩固率达到95.69%,高中阶段毛入学率达到98.87%。南疆四地州实行从幼儿园到高中的15年免费教育。全疆村村有幼儿园,并提供免费早餐和午餐。

对家庭经济困难学生应助尽助,确保不让一个学生失学辍学。加强乡镇寄宿制学校建设,解决边远农牧区儿童上学难问题。持续加大教育投入,一般公共预算教育经费投入2020年达到1018亿元,其中拨付学生资助资金91.31亿元,惠及666.34万人(次)。举办区外新疆高中班、中职班,截至2020年,累计培养学生16.02万人,其中少数民族学生13.85万人,占86.45%。现代职业教育体系基本建立,现有高职(专科)院校37所、中等职业学校147所,其中,新疆优质高等职业院校11所、中等职业学校11所,国家级优质高等职业院校3所。高等教育体系日趋完备,现有普通高校56所,截至2020年,累计培养普通高校毕业生211.5万人,其中少数民族学生76.7万人,占36.3%。

不断提高公共文化服务水平。新疆加快构建现代公共文化服务体系,积极推进公共文化服务均等化,不断丰富文化产品供给,有效满足各族群众文化需求。在中央政府大力支持下,新疆实施广播电视"村村通工程"和"直播卫星户户通工程"、新闻出版"东风工程"、"县级文化馆、图书馆修缮工程""文化信息资源共享工程""乡镇综合文化站工程"等一系列文化基础工程。截至2019年,新疆有公共图书馆112个、博物馆和纪念馆106个、科技馆29个、美术馆

60 个、文化馆 130 个、乡镇综合文化站 1350 个,有各级各类广播电视台 102 座,广播和电视人口覆盖率分别达到 98.68% 和 98.85%,形成了覆盖自治区、地(州、市)、县(市、区)、乡(镇、街道)、村(社区)的五级公共文化服务体系。文化馆、图书馆、博物馆、乡镇(街道)文化站等公共文化设施免费向社会开放。基本实现户户通广播电视,农村电影放映、农家书屋全覆盖,基层文化活动丰富多彩。文艺创作持续繁荣,优秀作品精彩纷呈。每年出版报刊、图书、音像制品和电子出版物上万种,年均译制少数民族语言电视剧、动画片 5000 余集。互联网日益成为各族群众学习、工作、生活的新空间,获取公共服务的新平台。2020 年,新疆有网站 9318 个,固定宽带用户 883.9 万户,移动互联网用户 2359.2 万户。

五、社会权利的保障

新疆建立了覆盖全民的社会保障体系,健康保障水平显著提升,应对突发公共卫生事件能力明显增强,社会救助及时有效,少数民族生育权得到有力保障。

持续加大社会保障力度。新疆不断完善养老保险、医疗保险、工伤保险、失业保险、最低生活保障等社会保险和救助制度,建立了广覆盖、保基本、多层次的社会保障体系。2011年在全国率先建立统筹城乡、覆盖全民的基本养老、基本医疗保险制度,实现人人享有基本社会保障。实施基本医疗保险、大病保险、医疗救助三重保障,确保贫困人口看得起病。实施全民参保计划,城乡居民基本养老保险参保率稳定在95%以上,失业、工伤和生育保险制度对职业人群全覆盖,贫困人口基本医疗保险、养老保险和大病保险参保率均达100%。截至2020年,新疆有586.54万人参加城镇职工基本养老保险,726.24万人参加城乡居民基本养老保险,2316.75万人参加医疗保险,302.23万人参加失业保险,349万人参加工伤保险;有29.3万人享受城市最低生活保障,166 万人享受农村最低生活保障。2020 年,新疆提高最低生活保障标准,城市居民平均不低于 500 元/人·月,农村居民不低于 4100 元/人·年,分别比 2010 年增长 184% 和 396%。建立基本养老金合理调整机制,稳步提高企业退休人员基本养老金水平,2020 年企业退休人员基本养老金水平是 2005 年的 4.6 倍。2020 年累计安排城乡困难群众救助补助资金 94.28 亿元,惠及 195.3 万人次。

有效防控新冠肺炎疫情。新疆始终把各族群众生命安全和身体健康放在第一位,精准防控新冠肺炎疫情输入与扩散,科学救治感染患者。开展全民免费核酸检测和新冠肺炎疫苗接种。同时,加强对各族困难群众的救助工作,按照每人每月 450 元的标准,将受疫情影响无收入、无生活来源、基本生活陷入困境的困难群众及时纳入保障范围;推进乡镇(街道)全面建立临时救助备用金制度,提高救助时效性;及时启动社会救助和保障标准与物价上涨挂钩联动机制,发放价格临时补贴。2020 年,新疆向因病、因灾、因疫情影响的困难群体安排临时救助补助资金 21.13 亿元,惠及 385.34 万人次。

大幅提升健康保障水平。健康是幸福生活的基本前提。新疆坚持以人民健康为中心,落实"健康中国"战略,推进健康新疆建设,不断完善城乡医疗卫生服务体系,提高医疗卫生服务质量。截至 2019 年,新疆共有医疗机构18376 个、病床 186426 张,每千人拥有病床 7.39 张、执业医师 2.7 名。建成覆盖城乡的基层医疗卫生服务网络,乡镇卫生院、村卫生室标准化建设达到 100%,村村有医生。建成全民健康信息平台并对全疆各级平台实现标准化、规范化管理。实现自治区、地(州、市)、县(市、区)三级远程医疗全覆盖,乡镇卫生院和社区卫生服务中心远程医疗覆盖面达到 85%以上。家庭医生、"互联网+护理服务"、视频问诊等"互联网+医疗健康"新型医疗服务模式应用更加普遍。免费向城乡居民提供 14 类国家基本公共卫生服务,基本覆盖居民生命全过程。自 2016 年起,累计投入体检资金81.8 亿元,全疆城乡居民每年进行一次免费健康体检,实现疾病早发现、早诊断、早治疗。重大传染病和地方病得到有效控制。实行农村户籍人员在各地州市、县市区范围内定点医疗机构住院"先诊疗、后付费"服务模式和"一站式"结算,有效解决各族群众看病难、看病贵问题。大力推动"组团式"医疗支援模式,组织疆内外 63 家三级医院与疆内贫困县的 56 家县级医院建立帮扶关系,快速提升贫困地区医疗服务能力和管理水平。医疗卫生水平的不断提高，极大改善了各族群众的健康状况。新疆人均预期寿命从1949年的30岁提高到2019年的74.7岁。

充分保障少数民族生育权。中国宪法法律规定，公民有生育权，同时夫妻双方有实行计划生育的义务。计划生育是中国的一项基本国策。计划生育重视生殖健康，强调优生优育，直接涉及性别平等、妇女赋权、减少贫困和实现可持续发展。中国实行计划生育经历了先内地后边疆、先城市后农村、先汉族后少数民族的过程，对少数民族执行有别于汉族的相对宽松政策。新疆依据国家法律法规，结合本地实际制定计划生育相关政策。20世纪70年代初，在汉族人口中先实行计划生育；80年代中后期，开始在少数民族中鼓励计划生育。1992年发布的《新疆维吾尔自治区计划生育办法》明确规定，汉族城镇居民一对夫妻生育1个子女，农牧民可生育2个子女；少数民族城镇居民一对夫妻可生育2个子女，农牧民可生育3个子女；人口较少民族不实行计划生育。这一差别化生育政策是新疆少数民族人口保持较快增长的重要原因。随着经济社会发展和各族群众生育意愿趋同，2017年新疆修订《新疆维吾尔自治区人口与计划生育条例》，规定各民族实施统一的计划生育政策，即城镇居民一对夫妻可生育 2 个子女,农村居民一对夫妻可生育 3 个子女。根据国家人口与计划生育法律政策调整情况,新疆还将进一步调整和完善本地人口与计划生育法规政策。

六、妇女儿童权利的保障

尊重妇女、保护儿童是社会文明进步的重要标志。新疆高度重视妇女儿童工作，着力解决妇女儿童发展中的突出问题，促进妇女儿童事业稳步发展，妇女儿童各项合法权益得到有效保障。

重视提高妇女地位。新疆坚持男女平等的宪法原则，保障妇女参与国家和社会事务的民主决策、民主管理和民主监督权利。重视培养和选拔女干部，妇女参与公共事务管理的人数持续增长，女干部从 1955 年初的 16338 人增长到 2019 年的 46.06 万人。2020 年初，新疆全国人大代表中女性 13 人，占 22.41%；自治区人大代表中女性 146 人，占 27.24%；住新疆的全国政协委员中女性 8 人，占 23.5%。妇女参与基层民主和企业经营管理作用进一步增强。2020 年，社区居民委员会成员中女性占 64.7%，村委会成员中女性占 30.5%。保障妇女平等就业权利，实行男女同工同酬。妇女就业规模不断扩大。2019 年城镇新增就业 48.09 万人，其中妇女 22.81 万人，占比 47.43%。广大妇女在各领域发挥着越来越重要的作用,社会地位、家庭地位显著提升。

有力保障妇女权益。新疆广泛实施妇女健康普惠项目,积极推进乳腺癌、宫颈癌免费筛查,妇女健康服务不断加强,妇女健康状况显著改善。孕产妇保健水平明显提高,2000年至2020年,孕产妇产前检查率从80.14%提高到98.53%,住院分娩率从59.69%提高到99.82%。在依法实行计划生育过程中,各族群众是否采取避孕措施、采取何种方式避孕,均由个人自主自愿决定,政府提供安全可及的生殖健康服务。随着新疆经济社会发展和人民生活水平提高,各族群众生育观念发生明显变化,自愿选择晚婚晚育、少生优生成为社会普遍现象。新疆积极发挥各级妇联组织在维护妇女合法权益中的作用,倾听妇女意见,反映妇女诉求,关心妇女工作生活,促进解决妇女权益问题。预防和制止针对妇女的家庭暴力,2020年制定施行《新疆维吾尔自治区实施〈中华人民共和国反家庭暴力法〉办法》。现有受暴妇女儿童救助(庇护)机构数226个,对遭受家庭暴力侵害后暂时无法回家的妇女提供法律咨询、心理辅导,提供临时性社会救助,有力保障了妇女权益。

切实保护儿童权益。新疆坚持儿童优先原则,完善县、乡、村三级儿童服务体系,全面保障儿童生存权和发展权,儿童事业取得长足发展。儿童保健水平显著提高,截至2020年,婴儿死亡率由2000年的23.5‰下降到6.75‰。持续实施儿童营养改善项目,为农村婴幼儿免费发放营养包,儿童健康营养状况全面改善。疫苗接种率持续保持较高水平,免疫规划接种率达90%以上,儿童疾病预防能力加强。2020年,卡介苗、脊髓灰质炎疫苗(第三剂)、百白破疫苗(第三剂)接种率分别为99.4%、99.63%、97.39%。建立面向城乡困境儿童包括强制报告、应急处置、评估帮扶、监护干预在内的救助保护机制。健全流浪儿童救助、管理、返乡和安置保障制度。全面实现孤儿集中养育,儿童福利机构养育孤儿基本生活保障费平均标准由2012年的900元/人·月(地方900元/人·月,兵团1000元/人·月)提高到2020年的1100元/人·月。加强对儿童的法律保护力度,设立未成年人法律援助工作站点73个。通过采取普通学校随班就读、特殊教育学校就读、送教上门等方式,保障残疾儿童接受义务教育。截至2020年底,义务教育阶段残疾儿童在校生2.8万人,毛入学率为98.5%。建有32所特殊教育学校,在校生0.5万人。现有残疾儿童康复机构165个,2020年共有2850名残疾儿童得到康复救助。

七、宗教信仰自由权利的保障

尊重和保护宗教信仰自由是中国政府一项长期的基本国策。新疆坚持保护合法、制止非法、遏制极端、抵御渗透、打击犯罪的原则，全面贯彻落实宗教信仰自由政策，正常宗教活动依法受到保护，公民宗教信仰自由的权利得到有效保障。

依法保障宗教信仰自由权利。宗教信仰自由是公民的一项基本权利。宪法规定："中华人民共和国公民有宗教信仰自由""国家保护正常的宗教活动"。在新疆，公民既有信仰宗教的自由，也有不信仰宗教的自由；有信仰这种宗教或那种宗教的自由；在同一宗教中，有信仰这一教派或那一教派的自由；有过去信仰宗教现在不信仰宗教的自由，也有过去不信仰宗教现在信仰宗教的自由。任何国家机关、社会团体和个人不得强制公民信仰宗教或者不信仰宗教，不得歧视信仰宗教的公民或不信仰宗教的公民，侵犯公民宗教信仰自由要承担相应的法律责任。没有公民因信仰宗教或不信仰宗教而受到歧视和不公平待遇。

保护合法宗教活动。新疆有伊斯兰教、佛教、基督教、天主教、道教、东正教等多种宗教。公民的正常宗教活动，如礼拜、拜佛、弥撒、祈祷、诵经等，都由宗教团体和公民自理，受法律保护，任何组织和个人不得加以干涉。中国伊斯兰教协会每年组织信教公民赴沙特朝觐，对朝觐人员的医疗、翻译等给予资助，并做好服务保障，确保朝觐活动安全有序。每逢重大宗教节日都循例举行各种宗教活动。斋月期间，清真餐馆歇业或营业完全由业主自行决定，任何组织和个人不得干涉。新冠肺炎疫情期间，各地宗教活动场所加强了服务保障和疫情防控举措，信教公民的礼拜、封斋等宗教活动平稳有序。

保障获取宗教知识途径。国家以多种语言文字翻译出版发行伊斯兰教、佛教、道教、基督教等宗教典籍。整理出版《大藏经》《中华道藏》《老子集成》等大型宗教古籍文献，印刷国家通用语言文字和 11 种少数民族文字以及盲文版的《圣经》。截至目前，在新疆发行的少数民族文字版的伊斯兰教类出版物达 40 多种，翻译出版国家通用语言文字和维吾尔、哈萨克、柯尔克孜等多种文字版的《古兰经》《布哈里圣训实录精华》等宗教经典书籍，编辑发行汉、维两种文字的系列《新编卧尔兹演讲集》。政府拨专款保护和整理《古兰经》《穆圣传》《弥勒会见记》等古籍,《先知传》《金光明经卷二》《弥勒会见记》等多部宗教类古籍被列入《国家珍贵古籍名录》。此外,中国伊斯兰教协会开通中文版和维吾尔文版网站。任何人都可通过合法渠道学习和了解宗教知识。

改善宗教活动场所设施条件。宗教活动场所依法受到保护。对喀什艾提尕尔清真寺、昭苏圣佑庙、伊宁拜图拉清真寺、和静巴伦台黄庙、和田加曼清真寺、乌鲁木齐洋行清真寺等列入国家和新疆文物保护单位的宗教活动场所,政府拨专款进行修缮。对年久失修的宗教活动场所,政府有关部门根据《中华人民共和国城乡规划法》,并尊重信教群众意愿,通过新建、迁建、扩建等,解决了安全隐患问题,保障正常宗教活动顺利进行。宗教活动场所条件持续改善,清真寺里普遍有水、电、路、气、通讯、广播电视等设施,配备有医药服务、电子显示屏、电脑、电风扇或空调、消防设施、饮水设备,主麻清真寺还有净身设施、水冲式厕所,为信教群众提供了极大便利。

完善伊斯兰教教职人员培养体系。新疆通过中国伊斯兰教经学院、新疆伊斯兰教经学院、新疆伊斯兰教经文学校等培养宗教教职人员。政府出资2亿多元建设新疆伊斯兰教经学院新校区,2017 年正式投入使用,新建伊犁、昌吉、乌鲁木齐、吐鲁番、阿克苏、克孜勒苏、喀什、和田 8 所分院。形成了以新疆伊斯兰教经学院为中心、各分院为支撑的教育培养体系。按照"定向定量按需培养"原则,编制培养计划,确定培养目标,培养了一批较高素质的伊斯兰教人才,充分保障了伊斯兰教健康有序传承。目前,中国伊斯兰教经学院、新疆伊斯兰教经学院及各分院累计培养毕业生4000 余人。

结　束　语

平等是人类永恒的追求,民族平等是中国立国的根本原则之一,中国共产党始终以实现人民的平等和幸福为己任,在不断探索和实践中走出了一条中国特色解决民族问题的正确道路,各族人民真正获得了平等的权利。

中国政府积极践行国际人权条约义务,充分发挥制度优势,广泛汇聚各方力量,有力促进新疆各项事业快速发展。新疆地方政府深入贯彻尊重和保障人权的宪法原则,各民族共同团结奋斗、共同繁荣发展,各族人民的政治、经济、社会、文化等各项权利得到切实保障。

一段时间以来,国际上一些势力无视中国政府为保障各民族平等权利所做的巨大努力,无视新疆人权事业取得的历史性进步,歪曲事实,无中生有,大肆炒作涉疆议题,妄图借此抹黑中国形象,干涉中国内政,遏制中国发展,破坏新疆繁荣稳定。这不仅激起包括新疆各族人民在内的全中国人民的极大愤慨和坚决反对,也遭到国际社会正义力量的谴责。

当前,新疆社会大局持续稳定,各族人民和睦相处、安居乐业,处于历史上最好的发展时期。在以习近平同志为核心的党中央坚强领导下,新疆与全国一道全面建成小康社会,并开启全面建设社会主义现代化国家新征程,这将在更大程度、更高水平上保障各民族平等权利,新疆各族人民必将迎来更加幸福美好的明天。

责任编辑：刘敬文

图书在版编目（CIP）数据

新疆各民族平等权利的保障/中华人民共和国国务院新闻办公室 著.—北京：
　人民出版社,2021.7
ISBN 978－7－01－023614－8

Ⅰ.①新… Ⅱ.①中… Ⅲ.①民族平等-权益保护-新疆 Ⅳ.①D633

中国版本图书馆 CIP 数据核字（2021）第 145911 号

新疆各民族平等权利的保障

XINJIANG GE MINZU PINGDENG QUANLI DE BAOZHANG

（2021 年 7 月）

中华人民共和国国务院新闻办公室

人民出版社 出版发行
（100706　北京市东城区隆福寺街 99 号）

中煤（北京）印务有限公司印刷　新华书店经销

2021 年 7 月第 1 版　2021 年 7 月北京第 1 次印刷
开本:787 毫米×1092 毫米 1/16　印张:2.5
字数:21 千字

ISBN 978－7－01－023614－8　定价:15.00 元

邮购地址 100706　北京市东城区隆福寺街 99 号
人民东方图书销售中心　电话（010)65250042　65289539